AF339904

DE

L'ORGANISATION ÉLECTORALE

EN FRANCE,

PAR

Desgenettes Desmadelaines,

JOURNALISTE.

—

ALENÇON,

Chez CHEVALLIER, Libraire, Grande-Rue.

PARIS,

Chez l'Auteur, rue Saint-Dominique-d'Enfer, 17.

—

1839.

Imprimerie de RALU-MATROT, rue du Collége, 31, à Alençon.

DE L'ORGANISATION ÉLECTORALE

EN FRANCE,

Qu'est-ce que le peuple?...... Tout.
Qu'est-il?.................... Rien.
Que demande-t-il à être ?...... Quelque chose.

Introduction.

La souveraineté du peuple n'est pas, comme principe, la conquête de notre époque ; connue dès les premiers âges de la société, elle y fut si mal comprise et si outragée par la théorie de l'esclavage, qu'elle nous a semblé être une révélation faite au siècle dernier. Il nous serait facile, en remontant aux jours même de la féodalité, de prouver que souvent elle était mise en question dans les

querelles théologiques de la Sorbonne ; nous pourrions encore citer en témoignage ces énergiques représentans des communes qui rappelaient fièrement aux princes que Dieu fait les rois pour les peuples et non les peuples pour les rois ; mais il nous paraît plus utile de prendre, pour point de départ, la révolution de 1789. Ce fut alors que la nation française, guidée par son génie et instruite par ses philosophes, consacra solennellement le principe de la souveraineté nationale. Quelques clameurs s'élevèrent en vain contre cette majestueuse déclaration ; le plus grand nombre des députés aux États-Généraux, la reconnut comme loi fondamentale du royaume. Un député du clergé, Boisgelin, archevêque d'Aix, disait à l'Assemblée nationale, le 24 août 1789 : « Je demande
» qu'on s'occupe, dans la déclaration des droits, de la
» puissance respective des citoyens, du droit d'influer
» sur le gouvernement, droit qui fait une partie essen-
» tielle de ceux du citoyen. Il faut que tous les citoyens
» participent également à l'établissement et au maintien
» de la puissance publique. C'est sur ces principes que
» furent élus les États-Généraux, composés des repré-
» sentans de tous les citoyens ; et ce principe ne peut
» être contesté dans une monarchie fondée sur les lois.
» Un homme ne commande aux autres que par l'emprunt
» et l'emploi de leur puissance. C'est la puissance des
» citoyens qui rend un citoyen plus puissant que les
» autres. Ainsi les droits politiques, communs à tous les
» citoyens, sont indestructibles comme leurs droits na-
» turels et civils : un citoyen ne peut pas plus perdre la

» puissance qui lui appartient que la liberté. » Le 2 septembre de la même année, dans la discussion qui s'éleva au sujet du *Veto* absolu ou suspensif, un membre de la noblesse, le comte d'Antraigues, disait encore : « Il est » un principe essentiel qui doit servir de guide dans » toutes les discussions de ce genre. Ce principe existait » avant vos décrets, mais vos décrets ont rendu un hom-» mage solennel à ce principe. Toute autorité réside » dans le peuple : toute autorité vient du peuple : tout » pouvoir légitime émane du peuple; voilà le principe. » Plus loin, le même orateur ajoutait ces paroles : « C'est » donc du peuple qu'émanent tous les pouvoirs légi-» times, ceux, aux actes desquels l'obéissance est due. Ainsi donc, au moment où le pouvoir passe des mains de l'aristocratie aux mains du tiers-état, c'est au nom de la souveraineté du peuple que ce déplacement s'opère ; c'est en invoquant ce principe que la bourgeoisie, qui n'a pas encore pu se séparer de la plèbe, détruit la monarchie absolue et la noblesse. Après elle, le peuple gouverne quelque tems ; mais, épuisé par les efforts qu'il a faits pour sauver la patrie, il tombe de lassitude et sert de marchepied à un soldat qui vient, dit-il, résumer le peuple en un seul homme; la nation n'accepte pas cette orgueilleuse prétention, et elle abandonne le conquérant qui fait place aux frères des vieux rois. Ces hommes du passé n'ont rien appris dans l'exil; ils s'efforcent, au moyen d'une omission faite à dessein, de nier le principe révolutionnaire et de rattacher le pouvoir royal à la tradition du droit divin; ce sont là des subtilités trop pitoyables pour que nous les combattions. Ils peuvent se croire délégués de Dieu, la nation s'en tient aux déclarations de l'Assemblée Constituante; le droit est pour elle, et, lorsque Charles X veut l'attaquer, elle le chasse et consacre encore une fois son droit de suprême puissance.

Nous n'avons pas à nous expliquer ici sur ce qu'on appelle communément l'habileté des hommes qui réglementèrent l'insurrection de juillet, il nous suffit, pour l'instant, de constater que la royauté du 9 août n'existe que comme corollaire de la souveraineté du peuple. Nous n'avons pas non plus le tems d'argumenter sur la légalité de l'acte législatif qui a conféré au duc d'Orléans, sans appel à la nation, la couronne de France. Nous acceptons toutes les anomalies, toutes les contradictions qui sont la base du système monarchique; nous avons hâte d'aborder la question de réforme électorale.

De la Souveraineté du Peuple et des conséquences qui en découlent.

Les protestans sont ceux qui, les premiers, essayèrent d'appliquer à la nation française leur théorie sur la souveraineté du peuple; préoccupés d'intérêts religieux et aristocratiques, ils durent échouer; la république qu'ils tentèrent de fonder, n'était, à vrai dire, qu'une agglomération confuse d'oligarchies hargneuses et intolérantes : la faute n'en doit pas être imputée à eux, mais seulement au siècle où ils vivaient; ils n'en ont pas moins rendu un éminent service à l'humanité, en transportant, dans le domaine de la politique, ce qu'ils admettaient en matière de religion, le libre examen, et en reconnaissant à chaque individu le droit d'interprétation. Cette grande idée fut la cause philosophique de la révolution française qui, à son tour, en fit découler naturellement la loi d'égalité, en raisonnant ainsi : la souveraineté, dont la raison repose en Dieu, est, dans l'ordre politique, la collection de toutes les souverainetés individuelles, se produisant en vue de l'intérêt commun; puisque chaque homme est souverain, il est l'égal de chaque autre homme, tous les hommes sont donc égaux, c'est-à-dire tous ont les mêmes droits, tous ont les mêmes devoirs. Ce raisonnement est complet, rien n'en peut être retranché sans que le reste devienne absurde. Logiques dans l'application de cette idée en ce qui touchait à leurs intérêts, les révolutionnaires de l'Assemblée constituante abolirent, dans une nuit devenue célèbre, les distinctions honorifiques, les priviléges nobiliaires qui violaient l'égalité civile; mais ils eurent la pensée de garder le pouvoir dont ils venaient de s'emparer, et ils refusèrent aux prolétaires l'égalité en matière politique. Nous portons aujourd'hui la peine de cette faute grave.

Du Gouvernement par rapport à la Société.

Chaque individu étant souverain vis-à-vis de tout autre individu, et en même tems sociable ou destiné, par loi divine, à vivre avec ses frères, il s'ensuit que, comme souverain, il a des droits, et, comme être sociable, des devoirs : il n'y a plus que désordre et anarchie dans l'état, si l'on sépare ces deux idées qui font l'homme moral. La société est le milieu dans lequel viennent se fondre et se mélanger l'intérêt général et chaque intérêt particulier ; c'est en harmonisant cette double force qu'elle marche vers son développement infini. Nous ne croyons pas qu'il y ait, suivant l'hypothèse des publicistes du siècle passé, contrat synallagmatique entre la société et chaque individu, contrat par lequel l'individu renonce à sa sauvage indépendance et sacrifie une partie de sa liberté, afin que la société lui accorde en retour protection pour sa vie et pour sa propriété, il n'en est pas ainsi ; l'homme, nous le répétons avec assurance, est né pour vivre avec ses semblables, la parole suffit à le prouver, donc il porte en lui la double idée du droit et du devoir, la conscience de sa liberté et le sentiment de l'indépendance de chacun de ses frères. Cela posé, qu'est-ce que le gouvernement et quelle est sa fonction? Le gouvernement, c'est la société se réduisant aux proportions les plus convenables pour s'administrer au moyen d'une hiérarchie; en d'autres termes, c'est le produit de la volonté générale confiant à quelques hommes la mission de pourvoir, sous sa surveillance immédiate, à ce que les droits de chaque citoyen soient respectés par la société, et les devoirs vis-à-vis de la société exactement remplis par chaque citoyen. Ainsi, un gouvernement n'est moral, n'est rationel, qu'à la condition d'émaner de la volonté générale, ou simplement de la majorité des volontés, seul résultat possible en raison de l'imperfection humaine. Nous sommes conduits, par notre sujet, à combattre un aphorisme d'un des chefs de l'école doctrinaire : La société ne peut être gouvernée de bas en haut, disait-il il y a trois ans. C'est à peine si nous comprenons la division de la société en partie haute et basse; toutefois, suivons notre adversaire sur le terrain qu'il a choisi. Pourquoi la société ne serait-elle pas gouvernée de bas en haut ? Dans le cas contraire, de qui les gouvernans tiendraient-ils le pouvoir et surtout le droit de l'exercer? Ce droit ne peut leur venir de Dieu ; cette théorie n'offre plus maintenant matière à discussion; il ne peut leur avoir été transmis par des aïeux illustres dans les siècles passés. L'histoire garde précieusement le souvenir des hommes qui ont bien mérité de leur pays, mais il est admis aujourd'hui que la puissance des pères n'est pas transmissible aux enfans comme un bien patrimonial, car, si la patrie accordait à celui qui n'a rien fait pour elle la récompense qu'elle réserve pour celui de ses fils qui la sert honorablement, elle violerait ainsi la loi d'égalité et compromettrait sa majesté. Mais, en répétant notre question, qui a pu donner mission à ceux qui gouvernent? est-ce le droit du plus fort? c'est le plus grand nombre qui, matériellement, est le plus fort; est-ce le droit de l'intelligence? il faut alors que cette prétention à l'intelligence soit sanctionnée par la majorité, sans quoi elle n'est peut-être que de l'orgueil. Leur puissance ne leur vient que du consentement général, seule autorité légitime et imprescriptible dans l'état. Ainsi donc la société doit être gouvernée de bas en haut, ou plutôt elle doit se gouverner elle-même, car elle est, pour elle-même, le bas et le haut, le commencement et la fin.

De l'Organisation électorale actuelle.

Il nous a paru utile d'énoncer rapidement les principes sociaux vers la réalisation desquels les peuples marchent irrésistiblement : étudions maintenant les dispositions de la loi actuelle en matière d'élection. La France vit aujourd'hui sur le fond d'idées qui a été émis en 1789 : monarchie constitutionnelle, triple division du pouvoir, souveraineté du peuple, oligarchie du tiers-état, nous avons tout accepté ; seulement, comme si nous étions comptables des fautes commises par nos pères, nous retournons vers la monarchie absolue tandis qu'eux arrivaient à la république. L'Assemblée constituante fut élue, sous la monarchie absolue, par trois cent quatorze mille électeurs nommés eux-mêmes par quatre millions de votans ; notre Chambre des Députés a été choisie par cent quatre vingt mille censitaires. Deux révolutions, faites par le peuple et pour le peuple, nous ont amené à ce résultat contraire à toute prévision sage ; il n'est pas étonnant que nous fassions ainsi fausse route, on a surpris notre bonne foi par des sophismes, on nous a donné l'erreur pour la vérité. La lettre de la loi sur les élections porte que nul ne sera appelé à élire un député, s'il ne paie deux cents francs d'impositions ; son intention est que la propriété et l'intelligence soient seules représentées. Nous discuterons, plus loin, le mérite de ces deux conditions imposées implicitement au corps électoral ; examinons si elles sont le véritable motif de l'exclusion de la masse des citoyens. Les hommes qui, en 1831, firent cette loi électorale, étaient ceux qui, après la victoire du mois de juillet, se présentèrent au peuple et se déclarèrent hautement dévoués à ses intérêts ; mettant à profit une réputation d'habileté conquise par toutes sortes de manœuvres et sous tous les gouvernemens, ils trompèrent adroitement l'opinion publique qui les porta au pouvoir. Là, après avoir laissé, à l'enthousiasme populaire le tems de se calmer, ils arguèrent de la nécessité de défendre la royauté mal affermie, lorsqu'on demanda une large réforme dans le système électoral de la restauration, et ils proposèrent, comme moyen, la concentration du droit de suffrage entre les mains

d'un petit nombre d'individus intelligens et propriétaires, c'est-à-dire amis des nouvelles institutions et intéressés au maintien de l'ordre; c'est ainsi qu'ils parlaient,
mais leur pensée secrète n'est pas toute entière dans ces
explications données en public. Leur but était, l'ancienne
aristocratie leur refusant son concours, de constituer,
avec l'aide de la bourgeoisie épurée, une petite secte qui
les maintînt à la tête des affaires; en retour, ils lui accor-
dèrent tous les priviléges qu'elle demanda et toutes les
facilités qu'elle exigea pour exploiter le reste de la nation. Voilà, nous le disons avec la certitude de ne pas
nous tromper, les causes véritables du monopole électoral. Les chefs de ce parti s'appellent Doctrinaires, ils
ont enrégimenté ceux qui les servent dans leurs tentatives insensées, sous le nom de Classe moyenne. Qu'on ne
croie pas qu'il y ait eu, de part et d'autre, bonne foi dans
l'exécution des clauses du marché. La classe moyenne
essentiellement égoïste et cupide, veut bien conserver le
privilége absolu d'élection, parce qu'elle conçoit qu'en
prenant les députés dans son sein, rien ne sera changé,
sauf les cas de force majeure, dans l'organisation si dé-
plorable du travail, dans l'injuste répartition des impôts
et enfin dans ce fragile échaffaudage de priviléges qu'on
lui a construit à tant de frais. Mais elle n'a plus grande
confiance dens ses patrons, parce qu'elle les a trouvés si
dédaigneux, si outrecuidans, qu'elle craint de servir de
courte-échelle à une aristocratie qui se forme à cette
heure par la fusion des grands capitalistes et des riches
propriétaires. Les doctrinaires aussi se défient de la classe

moyenne, et cela parce qu'ils n'ont de foi qu'en eux-mêmes : ils ont d'ailleurs du dégoût pour cette bourgeoisie qu'ils croient inintelligente, parce qu'e!le ne s'abandonne plus complètement à leur direction et qu'elle ne peut se façonner aux habitudes aristocratiques d'une caste privilégiée. Défiance d'un côté, dédain de l'autre, voici dans quels termes vivent aujourd'hui les doctrinaires et la classe moyenne. Cependant, depuis que la garde nationale a présenté une pétition pour obtenir une réforme dans le système électif, tous les motifs de mésintelligence ont été soigneusement cachés aux adversaires, et les journaux de l'alliance doctrinaire et bourgeoise ont été chargés de développer les raisons qui peuvent s'avouer et qui ont déjà été alléguées dans la discussion de 1831 ; les uns et les autres savent que, si des changemens étaient apportés dans l'élection, il faudrait, pour la classe moyenne, consentir à partager ses avantages, peut-être même à les abandonner tout-à-fait ; pour les doctrinaires, au moment des plus douces espérances, être réduits à disputer le pouvoir dans des luttes quotidiennes, ou même à changer de tactique, chose qui ne coûte guère, mais qui n'est plus d'un succès certain. Nous dirons, pour nous résumer que la loi électorale votée en 1831, n'est qu'un acte de société passé entre des intrigans, comme il s'en trouve à chaque révolution, et des égoïstes, comme une mauvaise organisation sociale en produit infailliblement.

De la Propriété considérée comme base du Droit électoral.

La Propriété étant le plus fort contrepoids qui puisse, dans une nation, balancer l'esprit de changement et d'agitation, il est nécessaire que le gouvernement s'empare de ce moyen d'action en lui accordant une part dans le pouvoir; ainsi parlent les anti-réformistes. Admettons un instant que cette proposition soit vraie, nous allons, en déduisant ses conséquences, apercevoir promptement qu'elle n'est qu'un prétexte. Si posséder une fortune en biens fonds, c'est offrir une sorte de garantie morale et matérielle, pourquoi tous les propriétaires n'ont-ils pas été appelés à former cette espèce de cordon sanitaire autour de la masse turbulente des prolétaires ? Pourquoi, sur plusieurs millions en a-t-on choisi seulement cent quatre vingt mille? Pourquoi a-t-on donné seulement un mandat électoral aux plus imposés? Est-ce que le petit propriétaire n'est pas intéressé aussi fortement que le grand propriétaire à ce que la marche du gouvernement ne soit pas entravée, si elle est loyale et progressive: celui qui n'a qu'un champ, qui lui fournit à peine de quoi vivre, est plus attaché à cette petite propriété, que le possesseur d'une grande étendue de terrain. L'un et l'autre ont également besoin de savoir comment la législature asseoit les impôts, par conséquent, il leur importe

également de nommer les députés qui déterminent la manière dont cette dîme doit être levée. La lettre de la loi,
nous le voyons, n'est pas en rapport, dans ce cas, avec
l'esprit, aussi est-elle mauvaise dans ses résultats. Maintenant qui nous dira que les capitalistes, les commer-
çans, tous ceux enfin dont la richesse n'est pas au soleil,
suivant le mot populaire, n'ont point un puissant intérêt à
ce que le gouvernement fonctionne sans encombre, eux
dont la fortune est engagée dans des spéculations que le
moindre tumulte fait avorter. Pourquoi ces citoyens ne
sont-ils pas tous du nombre des électeurs, puisqu'il leur
est important de connaître les mesures que les députés
adoptent pour ou contre le commerce ? Donc la loi est
encore ici en flagrant délit de mensonge. Qu'on se rappelle ce que nous avons dit plus haut sur les secrètes intentions des législateurs de 1831 et l'on reconnaîtra facilement la cause de ces perpétuelles contradictions entre
leurs paroles et leurs actes. Élargissons notre cadre et
faisons-y entrer, comme réclamans, une masse de propriétaires que la loi, dans ses préoccupations aristocratiques, a laissé dans l'oubli. Nous croyons qu'il est ration-
nel d'appeler propriété tout ce qui, dans les limites de la
raison et sans nuire aux droits d'autrui, devient pour
l'homme un moyen de soutenir sa vie. A ce compte, la plus
sainte des propriétés est le travail, et ceux qu'on doit surtout favoriser sont les travailleurs dont les deux bras forment en même tems le capital. Ces propriétaires, ces capitalistes sont intéressés, plus que tous autres, au maintien
de la bonne harmonie dans l'état : car, si l'ordre est en pé-

ril, leur propriété n'a plus de valeur productive, leur capital, qui ne peut plus être employé, ne leur rapporte plus l'argent qui les fait vivre. Pourquoi donc ne sont-ils pas représentés dans l'assemblée des députés de la France? Est-ce qu'ils ne valent pas autant qu'un morceau de terre? Le travail est la gloire de notre siècle, et cependant les travailleurs sont à peine estimés à l'égal des bêtes de somme. Allez visiter ces prolétaires qui gisent mourant de faim sur la voie publique ou dans de fétides greniers, et demandez-leur s'ils ne sont pas prêts à défendre, au péril de leur vie, le gouvernement qui s'occuperait sans relâche d'améliorer leur position? La monarchie, nous en sommes certains, n'oserait pas leur adresser cette question, car elle sait bien qu'elle ne peut, sans se compromettre dans l'esprit de ceux qui la soutiennent, alléger ces terribles souffrances, tristes résultats du monopole et du privilége. Non, la propriété n'est pas une caution admissible; les nobles, en 1789, sommés de rentrer en France s'ils ne voulaient pas perdre leurs propriétés, aimèrent mieux préparer avec l'ennemi la ruine de leur patrie. Depuis la promulgation du Code, la propriété est éminemment mobile, à tout instant elle passe d'une main dans une autre; comment peut-on fonder un gouvernement sur une base si peu solide, n'est-ce pas bâtir sur le sable. Nous comprenons qu'en Angleterre, où le sol n'appartient et ne peut appartenir qu'à un très-petit nombre de grands seigneurs, on considère la richesse foncière comme un appui inébranlable pour la royauté, en ce qu'elle représente une aristocratie, c'est-à-dire une

collection de familles dont les intérêts et les dangers
sont les mêmes; mais, dans notre pays, elle s'éparpille
avec une si merveilleuse rapidité, que nous arriverons infailliblement à n'avoir qu'un nombre très-restreint de
censitaires à deux cents francs. Si tout d'un coup, la
monarchie, renonçant à être cupide pour devenir forte,
diminuait les impôts il s'ensuivrait que beaucoup de propriétaires, ne payant plus le cens, cesseraient de présenter les garanties nécessaires et par conséquent d'être
électeurs. Que la Classe moyenne reçoive de nous le
conseil d'examiner s'il est prudent, pour elle, de laisser
son avenir politique à la discrétion du gouvernement. Il
est une chose, dans l'organisation actuelle, que nous n'a-
vons pas pu nous expliquer, ce sont les motifs qui em-
pêchent les possesseurs du sol, ordinairement si soupçon-
neux, de demander raison au pouvoir de sa partialité
pour les acquéreurs de rentes sur l'état, et pour les agio-
teurs à la Bourse. Voilà des hommes, dont la richesse est
souvent considérable, qui ont une propriété dont la valeur est facilement estimable puisqu'elle est entre les
mains du gouvernement, et qui, cependant, ne contribuent
pas au paiement des charges de l'état. N'est-il pas insul-
tant de voir ces opulens rentiers nous écraser de leur
luxe et se rire des propriétaires qui donnent au trésor la
cinquième partie de leur revenu? N'est-il pas ridicule
que ces riches fainéans soient comptés au nombre des
pauvres qui n'ont, pour vivre, que leur travail quoti-
dien. Cette base de la contribution foncière n'est pas
seulement contraire au principe de la souveraineté na-

tionale, incomplète dans ses effets, dangereuse pour le corps électoral lui-même, elle est encore injuste en ce qu'elle ne tient nul compte des impositions appelées indirectes. D'après les statistiques, faites au ministère des finances, les cent quatre-vingt mille électeurs entrent à peine pour un quarantième dans l'acquittement de ces redevances qui sont réellement une meilleure base et qui conduisent à la découverte de la richesse plus naturellement que ne le peuvent faire les contributions directes. Ainsi la moitié du revenu de l'état se perçoit sans être représentée dans la législature; il est vrai que ces lourdes charges pèsent surtout sur les prolétaires, sur le sel qu'ils mangent, sur le vin qu'ils boivent; il importe alors que leurs réclamations ne viennent pas troubler le repos des riches. Nous l'avons démontré, tout est mensonge et déception dans les raisonnemens des souteneurs du privilége électoral; on n'y reconnaît même pas l'erreur; on n'y aperçoit qu'une intention coupable.

De l'Intelligence considérée comme Base d'élection.

Dans la pétition que les Gardes nationaux de la ville d'Alençon ont présentée l'année dernière à la chambre, nous remarquons cette phrase: « On prétend que nous

» n'avons pas assez d'intelligence pour être électeurs;
» nous croyons, nous, que, pour nommer les représen-
» tans de la nation, il faut plus de probité que de sa-
» voir. » Ces quelques mots expriment une grande vérité,
qu'on peut facilement apprécier, en étudiant la composi-
tion actuelle de la Chambre des Députés. Ce n'est que
de nos jours que la fortune a été admise comme mesure
de l'intelligence : autrefois le génie et le talent vivaient
dans la pauvreté, nous devons croire qu'à cette heure il
en est autrement. Douze à quinze cents francs de revenu
foncier, voilà ce qui donne droit à un brevet de capacité,
cent quatre-vingt mille censitaires, voici le nombre de
ceux auxquels il est accordé. Avant d'argumenter sur
cette injurieuse classification, observons combien le pouvoir a peu de respect pour lui-même et pour ses agens.
On compte en France à peu près trois cent mille fonctionnaires publics : tous doivent savoir lire et écrire, tous
sont présumés s'intéresser vivement à la paix et à la prospérité de leur pays; tous enfin, si le gouvernement a été
judicieux dans ses choix, possèdent les qualités intellec-
tuelles et morales que la loi prescrit, pourquoi ne sont-
ils pas électeurs ? Nous sommes conduits à conclure
qu'ils n'offrent assez de garanties, et qu'alors les fonctions publiques n'ont pas été confiées au mérite, contradiction blamable dans un système qui s'appuie, dit-il, sur
l'intelligence et la justice, mais nous préférons penser
que la loi seule est coupable, puisqu'elle pose des conditions qu'elle-même n'observe pas. En n'attribuant le
droit électoral qu'aux citoyens payant deux cents francs,

d'impôts, les législateurs de 1831 on cherché à faire croire que leur but était d'éloigner de la salle du vote ceux qui ne peuvent acquérir l'instruction donnée dans les colléges; ils ont prétendu que la capacité politique ne pouvant être appréciée que d'après une éducation coûteuse, il est nécessaire de s'assurer de cette garantie au moyen d'un tarif général : c'était dire, en termes couverts mais positifs, qu'avec deux cents francs d'impôts tout individu est capable, que, sans ces deux cents francs, personne ne peut l'être; c'était tirer une ligne au-dessus de laquelle sont les hommes intelligens et au-dessous les pauvres d'esprit. Raisonnons suivant l'interprétation avouée : l'instruction est indispensable comme élément politique, nous y consentons; alors nous demandons pourquoi la loi n'a pas atteint tous ceux qui ont reçu l'instruction universitaire ? D'un autre côté, parmi les citoyens appelés à jouir du bénéfice de ses dispositions, il en est un dixième qui ne remplit pas cette condition; elle se trouve donc, encore une fois, en contradiction avec elle-même. Jusqu'ici nous nous sommes servis des paroles de nos adversaires pour les combattre, il est tems d'envisager la question sous un point de vue moins étroit, et de déterminer qu'elle doit être la science politique d'une assemblée électorale. Dans la vie des peuples, il y a deux fonctions qu'il faut soigneusement distinguer et qui sont toutes deux utiles au même degré : nous voulons parler du sentiment et du raisonnement. Au sein d'une nation s'élabore mystérieusement une pensée générale, qui est le bonheur et la gloire de la patrie. Tous, sans nous en rendre compte, nous sentons en nous l'invincible besoin de l'honneur national, chacun de nous tressaille de joie ou pleure de tristesse selon la fortune ou les revers de la France : cette pensée commune, cette chaîne invisible dont nous tenons tous un anneau, c'est le sentiment. Lorsqu'à la voix de la France, qui se déclarait en danger, sept cent mille de ses fils se levèrent pour la défendre ; lorsqu'à la brutale attaque de Charles X, les habitaus de Paris répondirent par des coups de fusil, lorsque d'unanimes cris d'allégresse saluèrent le drapeau tricolore en 1830, c'était la pensée commune qui se formulait, c'était le sentiment qui faisait explosion. Cette puissance de spontanéité et de dévouement ne gît que dans les masses ; les pensées héroïques n'éclosent que dans les groupes tumultueux des prolétaires ; eux seuls s'enthousiasment et meurent pour la patrie, qu'ils aiment instinctivement. Dans les occasions solennelles, dans les jours où la science humaine est insuffisante, où il faut, pour ainsi parler, damander conseil à Dieu, le sentiment se développe chez le peuple jusqu'à se transformer en révélation prophétique. Mais une nation ne peut avoir à combattre sans cesse pour sa liberté, les tems de calme arrivent ; et elle se met à corriger les erreurs et les vices de sa législation, alors elle fait œuvre de raisonnement. Les idées de progrès s'élèvent confusément du sein du peuple, les hommes supérieurs réunissant ces ébauches, leur donnent une forme saisissante et provoquent, par un débat public, la décision de la raison générale qui, seule, ne s'égare jamais. Un homme peut deviner l'idée qui dort au sein du peuple, mais nous ne croyons pas qu'une individualité puisse être assez complète pour créer et pour perfectionner à elle seule. Aucun gouvernement, en France, n'a su, jusqu'ici, reconnaître ces deux forces vives de la nation, aucun n'a su les utiliser; aussi tous ont-ils péri vaincus par l'une ou par l'autre. Citons, en exemple, la Convention, qui, n'employant que le sentiment sans le raisonnement, n'a pu régulariser ses travaux et a disparu dans la tourmente qu'elle soulevait autour d'elle; citons aussi tous les gouvernemens qui exaltaient le raisonnement et comprimaient le sentiment, et qui tous ont été détruits, ou sont près de leur chute. Le moment est arrivé, pour la philososophie et la politique, de s'entendre afin de diriger la société; il est temps de modeler l'organisation politique sur l'organisation humaine, chef-d'œuvre du Créateur. Chaque homme naît doué d'enthousiasme et de raison, de la faculté d'apercevoir l'idéal et la réalité: ces deux tendances manifestes, quoique distinctes, se mélangent et se confondent harmoniquement pour engendrer la pensée; il doit en être ainsi du sentiment et du raisonnement dans la nation. Le gouvernement, établi d'après les strictes conditions du rationalisme, ressemble à une machine parfaitement disposée, mais à laquelle il manque l'impulsion première; le gouvernement, qui exploite sans relâche l'enthousiasme, ressemble à une machine qui, mise en mouvement, brise son régulateur et éclate bientôt elle-même. Un gouvernement populaire et intelligent doit s'emparer de ces deux parties constitutives de la société et les faire converger, par des directions différentes, vers le même but, vers le bonheur commun ; la vérité est dans le rapport du sentiment au raisonnement, de l'idéal à la réalité. Dans l'élection des Députés, c'est, avant tout, le sentiment qu'il faut consulter ; cette assertion sera prouvée, si nous parvenons à démontrer combien est grande l'erreur sur laquelle s'appuient ceux qui veulent, dans ce cas, faire prévaloir le raisonnement. On accorde, aujourd'hui, une importance exagérée à la Représentation nationale ; on se persuade qu'elle seule possède l'innéité en matière politique, que, seule, elle sait comprendre les besoins du peuple ; que, seule, elle connaît les moyens de les satisfaire, c'est se tromper gravement. Une Chambre des Députés doit représenter le peuple, elle doit être, dans de minimes proportions, l'opinion publique et non une collection de dieux inventant et dirigeant par eux-mêmes. La mission des citoyens nommés à l'auguste fonction de Représentans consiste à réformer les abus et à ouvrir un large cours à toutes les améliorations que chacun rend indispensables; la science des Députés n'est pas autre chose. Cela posé, qu'on nous dise d'où partent toutes les réclamations, d'où surgissent tous les désirs de progrès, si ce n'est du peuple ; donc, c'est par la voix du peuple qu'un Député apprend ce qu'il faut qu'il sache, et l'on peut conclure qu'un choix heureux a été fait, lorsque le mandataire a été choisi parmi les supériorités individuelles dont les idées sont en parfait rapport avec le sentiment des masses. Des plaintes, d'abord comprimées, puis énergiques et continuelles, font connaître que le peuple souffre, la cause du mal bien

appréciée, de nombreux conseillers s'empressent d'é-
mettre leurs avis; la question est long-tems débattue, une
solution rationnelle en est donnée, l'opinion publique
l'adopte et, lorsqu'elle nomme des Députés, elle leur impose implicitement sa décision, en les prenant parmi
les hommes qui l'approuvent : les Représentans,
dans une dernière discussion, utile en ce qu'elle est
dégagée de la violence et de l'acrimonie de la polémique,
commentent et résument tout ce qui a été dit, puis, enfin,
sanctionnent la volonté de la majorité en lui imprimant
le caractère sacré de loi; tel est, nous paraît-il, le méca-
nisme législatif dans sa réalité chez une nation consti-
tuée démocratiquement. Nous ne connaissons pas un projet important qui ait été proposé dans une Chambre de
Députés, avant d'avoir été long-tems élaboré par la
nation. Aussi nous estimons que la principale qualité
d'un Député est de refléter la conscience générale
qu'il doit souvent aller consulter; il est inutile d'a-
jouter que l'honneur et la probité sont encore des
titres indispensables. Un Député, nous insistons sur
ce point, n'est qu'un chargé d'affaires qui a reçu des ins-
tructions de ses commettans et qui ne doit agir par lui-
même qu'à défaut de communications directes et posi-
tives; l'avenir rendra raison de ce que nous avançons.
Nous n'ignorons pas que maintenant on croit le contraire,
et que les électeurs s'efforcent de composer la législature de brillans orateurs ou de subtils argumentateurs ;
mais une Chambre, composée en majeure partie de célé-
brités de tous genres, ne rend guère de service à son

pays, l'expérience nous le démontre suffisamment, elle n'est qu'un champ-clos où des rhéteurs viennent chercher la publicité pour leur éloquence. La puissance devant laquelle la parole s'est inclinée, est la liberté de la presse, dont, peut-être, on n'apprécie pas l'immense valeur, et qui remplace merveilleusement la tribune d'Athènes ou les rostres de Rome. Avec elle, les questions étudiées dans le silence du cabinet, sont résolues avec plus de talent et de science qu'au bruit des murmures et des applaudissemens. L'auditoire n'est pas seulement de douze à quinze mille individus, c'est tout un peuple qui écoute avec recueillement. Dans les républiques grecques et romaines, un citoyen dont les idées pouvaient être profitables à son pays, inhabile à manier la parole, n'osait affronter les sarcasmes de la foule, et gardait le silence ; de nos jours Siéyes et Camille-Desmoulins étaient de mauvais orateurs. Donnez-moi un point d'appui et je soulève le monde, disait Archimède ; donnez-nous la liberté de la presse, dirons-nous aussi, et nous faisons disparaître l'ignorance. La liberté de la presse est la trompette sacrée qui appellera à la vie intellectuelle et philosophique tous les prolétaires, enfans de la civilisation. Que les hommes de bonne foi cessent de s'épouvanter de ce fantôme, que des ambitieux ont appelé science politique, la vraie science politique en matière électorale est l'amour de la patrie. Nous aussi nous demandons l'exaltation de l'intelligence, et nous pensons comprendre, beaucoup mieux que nos adversaires, la sainteté de ce titre, en exigeant que les preuves de cette supériorité, devant laquelle nous nous inclinons, soient soumises au jugement de tous. Ce n'est pas une insurrection d'individualités hargneuses et tracassières que nous provoquons, nous croyons que la vérité ne se reconnaît que dans la manifestation instinctive de l'intérêt commun, réglée et dirigée par les intelligences d'élite. On le verra le jour où le peuple, ayant reconquis ses droits, chassera du palais législatif ces infidèles mandataires, qui sont si dédaigneux à son égard et les remplacera par des patriotes fiers de tenir de lui leur noble mission. Les quatre millions d'électeurs qui nommèrent l'Assemblée nationale n'étaient pas plus capables que nous ne le sommes, et ils surent deviner et choisir les hommes les plus remarquables que la France ait produits.

De l'Indifférence du Peuple en matière politique.

Les adversaires de l'extension de la liberté de suffrage, sentant le peu de portée de leurs raisonnemens, se sont plus à nous accabler d'objections et souvent d'injures. Ainsi, ils nous ont demandé de quel droit nous nous sommes constitués les avocats d'une partie qui ne réclame pas ; de quel droit, en un mot, nous prenons la parole au nom du peuple qui s'inquiète peu de ses défenseurs officieux. Le peuple, s'écrient-ils, a plus besoin de pain que de doctrines irréalisables ; il veut, avant tout, travailler et vivre : *Panem et circenses.* Cessez de calomnier nos intentions et d'ameuter contre nous la tourbe de la nation ; nous sommes occupés à créer le bien-être matériel de la France, [nous perçons des chemins de fer, nous creusons des canaux, nous élevons de magnifiques monumens, que faut-il de plus ? Vous essayez d'agiter le peuple par de ridicules utopies, vous lui conseillez de s'immiscer dans les choses politiques, vous lui dites de prendre part aux opérations électorales ; il repoussera vos avis, car il sait que les affaires de l'état prospèrent sous notre direction : la confiance que nous inspirons est telle que beaucoup d'électeurs ne se donnent pas la peine de venir voter ; comment, devant un fait aussi probant, osez-vous demander un changement quelconque dans la loi électorale. Nous connaissons vos projets ; vous éveillez, chez les prolétaires, les passions haineuses et brutales, afin d'exciter des troubles, dont votre intention est de profiter : vous n'êtes pas autre chose que des ambitieux qui prêchez la démagogie pour vous emparer des places et des honneurs que vous n'avez pas su gagner par votre mérite personnel. Ainsi parlent les partisans du système exclusif : nous avons présenté leurs objections dans toutes leurs forces, sinon dans toute leur grossièreté ; il nous reste à répondre : Que tout homme, lorsqu'il voit l'injustice proclamée comme règle sociale, se lève et la dénonce à ses concitoyens, c'est un devoir, nous le remplisssons avec conscience ; nous sommes les égaux, comme individus, des riches et des puissons, dit-on depuis cinquante ans, voilà notre droit, il est écrit partout, même dans la Charte de 1830, malheur à ceux qui le nient; nous ne sommes pas les défenseurs officieux du peuple, nous sommes des hommes du peuple qui réclamons l'héritage politique de nos pères; nous sommes ces prolétaires qu'on accuse de brutalité et d'ignorance, nous avions sous notre main, en 1830, ces traîtres qui ont servi tous les pouvoirs, ces valets impériaux, ces conseillers des réactions sanguinaires de la restauration, nous les avons laissé s'échapper, tant nous les méprisions; nous sommes ces prolétaires qui, en 1831, nous vengions de nos maîtres si impitoyables, en respectant leur vie et leur fortune; autrefois tous ces serviles courtisans de la monarchie que nous avons faite, nous traitaient comme des frères, aujourd'hui ils nous appellent *tigres qu'il faut museler* (1), nous dédaignons leurs insultes et leur familiarité : nous ne restons pas indifférens au mouvement politique, ceux qui le disent savent le contraire; ils savent avec quelle ardeur nous lisons les mille journaux, les nombreux écrits qui circulent jusque dans les villages; ils savent que nous observons avec douleur les progrès de l'esprit contre-révolutionnaire; nous ensemençons la terre et on prélève quatre ou cinq fois la dîme par les impôts; nous nous enfermons douze à quinze heures dans les manufactures, et le prix de notre travail est à la merci de ceux qui nous emploient; nous allons veiller en armes à l'honneur et à la sûreté de la patrie et l'on accorde aux

---

(1) *Journal des Débats* de 1833.

riches le droit de se soustraire à cette commune obligation; on nous prend tout ce que l'homme peut donner: argent, sueur, sang; que fait-on de ces richesses? il est tems que nous le sachions; nous sommes fatigués de nous entendre comparer chaque jour à une troupe d'*éléphans qui a besoin de cornacs* (1); nous croyons pouvoir nous passer de ces insolens conducteurs; nous nous réjouissons de voir de superbes édifices s'élever de toutes parts, des chemins de fer et des canaux établir de rapides communications, mais nous sentons que le bonheur matériel ne suffit pas à l'homme et qu'il lui faut avant tout satisfaction entière pour ses besoins moraux et intellectuels; nous voulons le pain du corps, nous voulons aussi le pain de l'esprit; nous ne cherchons pas à nous élever sur les ruines de notre patrie, nous ne sommes pas des ambitieux, nous haïssons trop sincèrement les accapareurs de nos droits pour les imiter; nous ne sommes pas des fauteurs de troubles, nous voulons, au contraire mettre un terme à ces effrayantes dilapidations, à ces humiliations sans nombre dont l'Europe, enhardie par la lâcheté du gouvernement, nous accable depuis neuf années. Qu'importe que ceux d'entre nous qui sont électeurs n'aillent pas voter, ils comprennent qu'il n'y a rien à espérer du système actuel, ils préfèrent joindre leurs voix aux nôtres, pour couvrir les sourdes clameurs de nos adversaires. Ainsi répondent les signataires de la pétition. Nous ajoutons, pour ceux qui ne con-

____

(1) *Journal des Débats* de 1839.

çoivent pas, que le peuple, en apparence si insouciant de
la chose publique, puisse en venir à se passionner pour
les sèches discussions d'intérêt général, qu'ils n'ont qu'à
jeter les yeux vers les États-Unis de l'Amérique du nord.
Jamais la France ne sera aussi égoïste, aussi mercantile
que l'Union, jamais l'amour du lucre n'y sera poussé à un
pareil degré de frénésie, son génie civilisateur rejette de
telles suppositions; pourquoi la vie politique n'y devien-
drait-elle pas aussi active, aussi animée que de l'autre
côté de l'Atlantique. Là, chaque planteur, quelque loin
qu'il soit de toute ville, reçoit un journal et s'instruit de
ce qui se fait au congrès, de ce qui se prépare dans l'opinion publique. Presque toutes les fonctions étant électives,
à chaque instant les citoyens sont convoqués pour choisir
des fonctionnaires, cependant ils ne manquent pas de
venir exercer leur part de souveraineté. Qu'on n'argue
pas, ainsi que l'ont fait des ignorans, de la jeunesse du
peuple Américain; il n'est ni jeune ni vieux, il a l'âge de
toutes les nations de l'Europe; les premiers habitans
de cette colonie étaient des proscrits volontaires de la
Grande-Bretagne, qui, plus tard, y déporta ses criminels;
aujourd'hui les émigrés, qui viennent de tous les points
du Globe pour défricher les déserts du Nouveau-Monde,
sont des pauvres que la misère chasse de leur patrie, et,
qui, après une année de séjour sur cette terre hospitalière,
exercent les droits électoraux. Loin d'être dans des cir-
constances favorables, le peuple Américain a plus d'obs-
tacles à vaincre que les nations de l'Europe, il n'a pas,
comme elle l'homogénéité de langage, ni le secours de

la tradition; il ne vit que par l'excellence du principe constitutif de son gouvernement, qui est la souveraineté nationale. Nous ne désirons pas, pour la France, une organisation semblable ; nous espérons , pour elle des destinées beaucoup plus belles; toutefois, nous ne pensons pas, avec les habitués des antichambres royales qu'avant peu de tems, déchirée par des querelles intestines, l'Union rétablira la royauté et viendra prendre des leçons à l'école française; quoique nous ayons de la rancune contre cette république, qui s'est prêtée à un un ignoble tripotage à propos de 25 millions que nous lui avons payé, nous ne lui souhaitons pas tant de malheurs. Nous reconnaissons que sous le gouvernement le plus démocratique et lorsque les affaires publiques seront devenues la chose principale pour la majorité des citoyens, il s'en trouvera qui , absorbés dans les calculs de leur intérêt personnel, négligeront leurs devoirs civiques, mais il nous paraît facile d'aller au-devant de ces délits, en rendant l'élection obligatoire au même titre que le service militaire ou les fonctions de juré. La loi ne doit pas être conçue dans un esprit despotique, cependant elle ne peut se prêter, par son silence, à la violation des devoirs quels qu'ils soient : en matière politique surtout, expression manifeste de la volonté générale, elle doit tout prévoir et tout prévenir.

De la Corruption dans l'hypothèse d'une réforme.

Si l'on modifiait la loi électorale, la France ne serait plus qu'un vaste marché, où la foule des intrigans viendrait publiquement trafiquer des votes; tel est l'argument que les anti-réformistes ont le plus développé. Ils affectent de croire indestructible l'influence des propriétaires et des prêtres sur les habitans des campagnes; ils prétendent que les électeurs ruraux viendraient voter sous la direction de leur curé, comme des soldats sous la conduite de leur capitaine: cette objection, présentée avec art, a effrayé d'excellens patriotes qui s'exagèrent le danger. Nous avouons franchement que, dans l'hypothèse d'une réforme, il y aurait à lutter contre la domination occulte des propriétaires et les passions haineuses du clergé, nous prévoyons ce résultat sans crainte, car nous avons la certitude, par l'examen des faits qui se produisent tous les jours, que l'influence des prêtres s'affaiblit à chaque minute, et que l'espèce de clientelle que les riches se forment au moyen de leurs tenanciers, n'est presque partout qu'un contrat secret entre des gens qui se méprisent et se haïssent. Déjà, lorsque la faction royaliste fut vaincue, en 1830, le peuple, et surtout celui des campagnes, se sépara brusquement d'elle et la repoussa de toutes les fonctions électives. On nous dit de nous tourner vers l'Angleterre et d'y examiner les effets honteux d'une trop grande extension du

droit de suffrage, on nous cite l'exemple des dernières
élections qui ont si justement scandalisé les bons citoyens. Cette banale objection de la vénalité des électeurs
Anglais dénote, chez ceux qui la font, une profonde ignorance ou beaucoup de mauvaise foi. La corruption, en
Angleterre, est la conséquence d'un vice organique qu'il
faut connaître et qui fait prévoir que long-tems encore, à
moins d'une réformation complète, quelques pots de bière
feront raison du peuple Anglais. Le sol appartient à un
petit nombre de propriétaires, membres de l'aristocratie
et décidés à faire tous les sacrifices pour conserver le monopole législatif; il n'est pas surprenant que les fermiers
ne puissent agir suivant leur instinct, puisqu'ils sont
sous la main de leurs maîtres : cela est si vrai qu'il a été
dressé des tables indiquant de quel individu dépendait
l'élection de chaque comté. D'ailleurs l'Angleterre ment
à sa réputation de perfection politique; c'est un des états
de l'Europe où il y a le plus à déblayer; sous des appa-
rences de prospérité elle cache l'affreuse misère qui la
ronge; elle en est encore au moyen et à sa grande Charte,
aussi nous désespérons de la voir, même avec les élémens
révolutionnaires qui fermentent dans son sein, rejoindre
les autres peuples dans la voie de la civilisation. Consul-
tons à cet égard la préface de la traduction du *Caté-
chisme Électoral* de Bentham, par M. Élias Régnault :
» L'aristocratie, dit le publiciste, forme un vaste réseau
» qui enlace et emprisonne tous les habitans des Îles
» Britanniques, quelques soient leur classe, leur rang,
» leur opinion; l'aristocratie est dans le cœur du mar-

» chand comme du seigneur, de l'ouvrier comme du ren-
» tier, du mendiant comme du propriétaire. » N'est-ce
pas un pays perdu et maudit que cette Angleterre,
qu'on a si niaisement pris pour type de gouvernement, et
n'est-il pas ridicule de vouloir assimiler les habitudes
électorales à celles de la France, si amoureuse de l'égalité. Les partis, chez nous, se connaissent trop bien et se
surveillent avec trop d'attention pour ne pas découvrir
promptement toute espèce de manœuvre tendant à cor-
rompre les électeurs ou à surprendre la religion des
moins clairvoyans; rien de ces sales tripotages n'échap-
perait au mépris public et à la vengeance de lois qui de-
vraient, dans ce cas, être inflexibles. Nous avons été
épouvantés, comme tous les honnêtes gens, des infamies
que le dernier ministère a commises pour s'assurer une
servile majorité à la Chambre; mais nous avons acquis
l'assurance qu'un système de corruption organisé aussi
effrontément, serait toujours repoussé avec dégoût,
lorsque nous avons entendu demander une enquête sur
les intrigues ministérielles. C'est aujourd'hui surtout qu'il
est facile d'acheter les électeurs si peu nombreux et si
cupides; il n'est personne qui se soit laissé prendre à
toutes les phrases magnifiques qui ont été faites pour
nous prouver l'indépendance et la noblesse des senti-
mens de la Classe moyenne. La Classe moyenne a pour
raison d'être, la richesse, à l'exemple de toute caste, elle
subit les conséquences de son principe; elle aime l'argent
et tout ce qui en procure. Demandons à M. Duvergier de
Hauranne, un des meneurs de la Doctrine, ce qu'il

pense de la fermeté et du désintéressement de l'oligar-
·chie bourgeoise, écoutons-le parlant des élections An-
glaises. « Élevez le cens et, à la séduction des bouteilles,
» succèdera celle des places; la France peut en donner
» des nouvelles. Il ne faut pas croire qu'au-dessus de
» mille francs de revenu on soit moins disposé à se
» vendre qu'au-dessous : seulement on se vend pour
» autre chose. Ce beau raisonnement des classes éclai-
» rées : qu'importe une voix de plus ? si ce n'est pas moi,
» ce sera un autre, vient aider la transition. Comme le
» mépris pour ceux qui se grisent sied bien à de telles
» gens. » Le même écrivain, dans une brochure pu-
bliée l'année dernière, se lamentait sur la facilité des électeurs à céder aux offres corruptrices des ministres, il prédi-
sait avec raison la ruine de la France; ainsi, nous le voyons,
la classe moyenne est accusée, même par ses chefs, il n'est
pas posssible de mettre en doute sa culpabilité; répétons,
à notre tour : *Comme le mépris pour les prolétaires sied bien
à de telles gens!* Supposons, au lieu de cent quatre-
vingt mille censitaires, une masse d'électeurs vingt fois
plus nombreuse, soustraite à tous les dangers de l'em-
bauchage par sa translation dans les principales localités
et qu'on nous dise quel sera le parti politique assez riche,
assez puissant, pour s'inféoder une telle quantité de votans. Une réforme radicale est le seul moyen de détruire
les germes de corruption que des hommes criminels ont
introduit dans le corps électoral et qui ne manqueraient
pas, si les choses restaient dans l'état actuel, de se développer et de gangrener les parties saines. Le danger que

nous signalons sera facilement compris par ceux qui
voudront réfléchir à l'action légale et continue que
le pouvoir exerce sur ses agens. Nous ne doutons pas des
velléités généreuses de beaucoup de fonctionnaires, mais
nous connaissons les menaces terribles qui sont venues
les effrayer et nous ne pouvons qu'appeler la vindicte publique sur les ministres qui, depuis vingt ans, ont employé ces honteuses ressources. Cette sorte d'esclavage
moral donne lieu à une erreur qu'il est bon de relever :
les hommes peu accoutumés à étudier les causes des événemens politiques, sont toujours surpris de la chute d'un
gouvernement qu'ils croyaient inébranlable; pour eux,
le pouvoir le plus détestable et le plus méprisé, avec cette
multitude d'employés, qui servent en outre de caution ou
d'épouvantail à leurs familles, sera fort et solide jusqu'au
jour où, menacé en face par le peuple et tous ces appuis
factices lui manquant, il s'abimera tout-à-coup. On peut
donc dire que nous vivons dans une atmosphère corrom-
pue, et qu'il en sera ainsi tant que la distribution des
fonctions publiques appartiendra au gouvernement. Il
faut que le sentiment du juste soit indélébile, puisque les
peuples le retrouvent toujours au fond de leur cœur,
même quand ils se sont le plus avilis en supportant le
despotisme. Depuis vingt-cinq ans, l'idolâtrie règne en
France, la nation courbe la tête et adore les faux Dieux;
à ce spectacle, beaucoup de timides croyans ont désespéré
du salut commun, mais voilà que la vraie doctrine reprend
de la force et bientôt elle renversera l'impiété.

De l'Opportunité d'une Réforme électorale.

Ce n'est pas seulement depuis quelques mois que des adresses ont été envoyées au gouvernement pour obtenir des modifications dans la loi électorale. En 1834, une énergique pétition dans ce sens fut présentée à la Chambre des Députés : le moment était mal choisi, une émeute avait donné au pouvoir droit de mensonge, il affecta des craintes sur son existence et répondit hypocritement que l'ordre n'était pas assez stable pour qu'on pût s'occuper d'une pareille demande. Aujourd'hui il n'a plus rien à redouter ; heureux dans tous ses projets, il a su triompher à l'intérieur, se poser dignement à l'extérieur, et ramener la France aux saines traditions monarchiques, il peut en toute sécurité écouter les réclamations du peuple. Un ministre disait, il y a peu d'années, aux citoyens qui l'avaient nommé à la députation (1) : « Que la » politique suivie, depuis Casimir Périer, avait été la po- » litique royale et en même tems nationale ; que la ma- » jorité nationale c'est le roi, que le roi et cette majorité » devaient faire cause commune. » D'un autre côté, un écrivain, signataire habituel des élucubrations dynas- tiques, a publié, l'an passé une brochure dans laquelle

---

(1) M. Guizot aux électeurs de Lisieux qui lui avaient offert un banquet.

il prétend que : (1) « Le roi, par son habileté, par son
» expérience, a exercé une puissante action sur tout le
» monde, depuis les ministres jusqu'aux députés, depuis
» les électeurs publics ou municipaux jusqu'aux simples
» soldats de la garde nationale, que tout le monde a ap-
» prouvé le roi et son système. » Nous nous abstenons de
toute réflexion sur ces phrases de courtisans, nous préférons sommer, au nom de la logique, cet ex-ministre et ce
publiciste d'appuyer la nouvelle pétition que les Gardes
nationaux vont présenter aux Chambres : nous leur en-
seignons le moyen de faire croire à cette alliance si
étroite qui unit la France à Louis-Philippe ; car, si les
simples soldats de la Garde nationale ont assez de perspi-
cacité pour comprendre *le roi et son système*, s'ils ont
une sincère admiration pour l'un et pour l'autre, il est
d'une bonne politique de laisser ces loyaux et fidèles su-
jets exprimer leur amour *pour le roi*, leur reconnaissance
pour sa manière de gouverner, en nommant des Députés
qui portent aux pieds du trône les bénédictions et les
vœux universels ; on couvrira de confusion les malveil-
lans qui se permettent de douter de l'assentiment *de tout
le monde*, en opposant à leurs protestations l'approba-
tion *de tout le monde*. Quel danger court-on à donner à
la majorité nationale qui adhère si fortement au prince
la possibilité de manifester hautement son adhésion. De
deux choses l'une, le pays approuve ou condamne la
marche que le pouvoir s'est tracée ; s'il l'approuve, qu'une

---

(1) Brochure sur la *Prérogative royale*, par Alphonse Pépin, avocat.

Chambre de Députés, élue par l'universalité des citoyens, et non par cent quatre-vingt mille inconnus, le déclare sur son honneur, et nous baisserons la tête en reconnaissant que nous nous trompions, nous qui pensions le contraire; s'il la condamne, à quoi servent ces imprudentes assertions; quelques ambitieux ou quelques écrivains à gages espèrent-ils, par des mensonges, étouffer le sentiment national. Le moment est venu de soumettre au jugement du pays, le différend qui s'est élevé à la dernière session entre ceux qui veulent que le roi soit tout, et ceux qui veulent que la représentation soit souveraine. Il est convenable que chacun donne son avis sur une question si délicate et que les Députés, élus par tous, viennent proclamer la décision générale. Quelque soit celui qui l'emporte à la prochaine session, il ne ressortira pas moins du débat ce fait bon à enregistrer, que les deux partis ne se sont pas présentés devant leurs juges naturels. Nier l'opportunité d'une réforme électorale, c'est nier la légitimité de l'intervention populaire entre deux pouvoirs émanant du peuple, c'est remonter d'un demi-siècle vers le passé et nous ramener à la théorie du droit divin; nous n'avons pas à repousser de telles doctrines, nous ne nous sommes pas engagés à argumenter contre toute sorte d'adversaires.

Examen du Projet de Réforme proposé par l'Opposition dynastique.

Nous avons essayé de faire comprendre que la vérité n'est pas dans l'incomplète liberté d'élection qu'on nous a imposée en 1831; nous ne sommes pas les seuls à reconnaître qu'il y a là un vice capital. Tous les partis, sauf le ministère, demandent une réforme; la presse entière s'en occupe depuis long-tems. Malgré tous ces avertissemens, nous croyons bien que le pouvoir refusera nettement d'introduire aucune modification dans une loi qui lui est si indispensable, ceci le regarde. Nous allons, toutefois examiner quel programme un gouvernement sage et prévoyant devrait adopter. L'Opposition Dynastique, celle qui veut *un trône entouré d'institutions républicaines*, ou bien *un roi qui règne et ne gouverne pas*, s'est empressée de remettre en lumière sa théorie électorale. Nous ne doutons pas de la sincérité et de l'éloquence de la plupart des Députés de cette opinion, mais nous disons avec franchise que nous ne sommes pas aussi fortement persuadés de leur intelligence politique; nous nous souvenons toujours du singulier rôle qu'ils ont joué au *9 août*, et nous trouvons que c'est trop prolonger la journée des *dupes*. Partisans de la souveraineté du peuple, ces Députés ne laissent pas échapper une occasion de faire du bruit en rappelant ce principe aux ministres toujours tentés de l'oublier, puis, quand se présente le moment d'agir,

ils sont effrayés de l'audace de leurs paroles, ils cherchent des accommodemens entre le principe et ses conséquences, pendant ce tems l'ennemi leur passe sur le corps et va battre en brèche les libertés du pays dont ils se disent les défenseurs. En 1792, une fraction de l'Assemblée législative fut ainsi définie à la tribune nationale par un énergique Représentant du Peuple (1) : « Ceux-là, modé-
» rés à leur manière, sont des êtres qu'on ne peut défi-
» nir autrement qu'en disant qu'ils s'attachent à tenir le
» milieu entre les deux partis dont l'un, purement contre-
» révolutionnaire, abhorre la liberté du peuple, et plus
» encore l'égalité, et dont l'autre veut ardemment la li-
» berté et l'égalité toute entière. Ils se jettent en consé-
» quence suivant leurs idées, d'un côté ou de l'autre,
» sans principes fixes et sans doctrines arrêtées. Ce sont
» les hermaphrodites de la révolution. » Ne croirait-on pas que c'est un Député de la dernière législature, qui vient de parler, tant notre position politique est semblable à celle de nos pères? N'avons-nous pas un parti contre-révolutionnaire, n'avons-nous pas un parti qui veut la liberté et l'égalité toute entière, n'avons-nous pas des hermaphrodites qui sont les descendans directs, les héritiers présomptifs des constitutionnels de 92 ; un journal avait raison de dire, il y a peu de jours, que la révolution n'est pas finie (2), puisque les questions sociales et poli-

---

(1) Pierre-Anastase Torné, évêque et député du Cher. *Discours sur les Dangers de la Patrie*, prononcé le 5 juillet 1792, l'an 4ᵉ de la Liberté.

(2) Prospectus du journal *La Démocratie*.

tiques posées à la fin de l'autre siècle, n'ont pas changé
de terrain ni de défenseurs. À l'exemple de leurs patrons,
les Députés de la Gauche Dynastique, ont autrefois coo-
péré à une révolution, mais, comme eux, ils se sont arrê-
tés si exactement à moitié route, qu'il est difficile à
qui ne les connaît pas, de savoir s'ils vont retourner à
leur point de départ, ou s'ils vont marcher en avant. Nous
avons acquis une nouvelle preuve de cette versatilité à
propos de la pétition de la Garde nationale, dont ils ont
désapprouvé la teneur générale. Ils avouent que la loi
électorale est mauvaise, et ils croient la rendre bonne en
adjoignant aux cent quatre-vingt mille votans actuels, ce
qu'ils appellent les capacités, c'est-à-dire les conseillers
municipaux, les officiers de la Garde nationale et les citoyens inscrits sur la seconde liste du jury, augmenta-
tion qui porterait le nombre des électeurs à peu près à
quatre cent mille ; suivant leurs journaux, cette réforme
est la seule nécessaire, en ce qu'elle rallie aux censitaires
les hommes capables ; la seule praticable, en ce qu'elle
éloigne les hommes inintelligens. Nous avons précédem-
ment combattu l'aristocratie qui nous gouverne sous le
nom de Classe moyenne, nous ne sommes pas plus dis-
posés à l'adopter, lors même qu'elle se recrute-
rait de deux ou trois cent mille alliés ; ce que nous
avons dit sur la propriété et sur l'intelligence, en matière
électorale, s'applique également au programme de la
Gauche, car la modification qu'il comporte n'est, à vrai
dire, que la petite monnaie du système d'aujourd'hui. La
souveraineté du peuple est une base sociale bonne ou

mauvaise; si elle est bonne, il faut en tirer les conséquences et les mettre en pratique; si elle est mauvaise, il
faut ne jamais l'invoquer et se rattacher au principe op-
posé. Nous n'aimons pas ces médecins politiques qui
laissent la société mourir de langueur et d'affaiblisse-
ment, en hésitant sans cesse entre les divers traitemens à
suivre. Il nous semble puéril de passer sa vie à chercher
le point d'intersection de l'aristocratie et de la démocratie; Dieu seul peut réunir en lui le passé et l'avenir, lui
seul peut dire, j'ai été, je suis, je serai. Tout le monde
sait pourquoi l'Opposition Dynastique, qui est l'expression
de la Bourgeoisie alarmée des tendances despotiques du
pouvoir, n'élargit pas davantage le cercle électoral, elle
est certaine que le peuple la connaît et ne l'estime pas,
et elle ne veut point avoir à s'expliquer devant lui : elle
aime mieux, par des semblans d'indépendance, s'assurer
un public à elle, qui l'applaudisse et la pousse aux affaires. Nous aiderions volontiers à sa prise de porte-
feuilles, tant nous sommes convaincus que sa nullité pratique ferait ressortir le peu de portée de ses théories et
que les hommes qu'elle égare en les berçant de chimé-
riques espérances de *monarchie démocratique*, seraient
promptement désabusés. Certes il n'est pas dans notre
intention d'injurier les Députés de la Gauche, nous les
respectons au contraire presque tous, en mémoire de leur
conduite courageuse sous la Restauration ; nous tenons cependant à leur dire une vérité qu'ils re-
connaîtront plus tard eux-mêmes : c'est qu'ils ne
sont que des Doctrinaires avec plus de pudeur et

moins de rouerie que les Doctrinaires proprement
dits.

Du Programme de l'Opposition légitimiste.

Les révolutions offrent à l'observateur matière à des
réflexions à la fois pénibles et agréables. N'est-ce pas une
sainte joie pour l'homme qui cherche la vérité, de voir un
peuple s'élever tout-à-coup comme à un signe de Dieu et
marcher à la conquête de la Liberté? N'est-ce pas aussi
pour lui une amère douleur d'apercevoir quelques insen-
sés barrant la route au nouvel affranchi, car alors s'en-
gage une lutte terrible qui ne finit que par l'anéantisse-
ment de l'un des adversaires. L'heure du danger passée,
le philosophe peut s'arrêter un instant à étudier les dernières convulsions du parti vaincu, et puiser un utile en-
seignement à ce triste spectacle, il voit le moribond im-
plorer l'aide de ceux qu'il haïssait le plus autrefois, et
demander, dans son délire, les moyens de guérison les
plus contraires à son organisme : telle est l'agonie de la
faction Légitimiste. Il est inutile de rappeler les tentatives
contre-révolutionnaires, les pensées désorganisatrices des
hommes de la Restauration. Qui ne sait qu'ils rejettent
dédaigneusement le dogme de la Souveraineté du peuple
et qu'ils croient que la puissance des rois procède de
Dieu; et cependant, aujourd'hui ils sont les plus bruyans,

promoteurs du suffrage universel. Ont-ils donc enfin reconnu leur erreur, viennent-ils faire amende honorable pour leurs fautes passées ? Non, le tems n'a pas marché pour eux, les événemens ont passé devant leurs yeux et ils ne les ont pas compris, ils veulent mourir le blasphême à la bouche contre la loi d'égalité : que leur destinée s'accomplisse ! Ils essaient peut-être, comme aux jours les plus sombres de nôtre révolution, quand ils contrefaisaient la voix des plus fougueux patriotes, de faire éclater la guerre entre les vieux libéraux et les nouveaux démocrates : c'est jouer gros jeu ; nous ne connaissons pas d'autre explication à donner de leur projet de réforme sans souveraineté populaire. En demandant l'élection à deux degrés, ils ont l'espoir de faire parvenir à la Chambre quelques Représentans de leur opinion, nommés à force d'intrigues, quel profit en tirerait leur parti ? Quelques voix de plus leur donneraient-elles la victoire. La nation mentirait-elle à sa conscience en acceptant une troisième fois leur gouvernement ? Se laisserait-elle prendre à ces grossiers piéges qu'ils tendent à sa bonne foi, en lui parlant de Liberté ? Qu'ont-ils de commun avec la Liberté, eux qui violèrent toutes nos libertés ? Se fierait-elle aveuglément à leurs promesses d'oubli et de tolérance, quand le sang de Ney, de Caron et de mille autres, n'est pas encore effacé ? Parce que le présent est misérable, se rejetterait-elle dans le passé : il y a, entre elle et la branche aînée des Bourbons, un ruisseau de sang qui les sépare à jamais. Au lieu de se placer entre ceux qui sont aujourd'hui leurs ennemis et ceux qui

le seront demain, les Royalistes seraient plus prudens
s'ils gardaient le silence, s'ils se faisaient oublier : car le
peuple ne prendra pas la peine de distinguer, entre les
hommes de 1815 et ceux de 1830 ; l'ouragan, dans sa fu-
reur, brise tout ce qui lui fait obstacle. Nous déclarons
que, dans l'Opposition Légitimiste, on rencontre des
hommes du caractère le plus honorable, c'est même dans
ce parti que se conservent les vieilles traditions de la fi-
délité au serment et de la générosité la plus délicate : mais
dans leur camp, il se trouve aussi beaucoup de *Bourgeois-
Gentilshommes*, qui s'efforcent de cacher leur origine plé-
béienne sous des airs de dédain, ceux-là sont la parodie
des autres, et une parodie est toujours une chose de peu
de valeur. Les Légitimistes ont, au même degré que nous,
le droit de réclamer des changemens dans la combinai-
son électorale ; qu'ils sachent, toutefois, que la réforme
est une arme à deux tranchans, qui peut les blesser en
même tems que leurs successeurs au pouvoir.

De la Pétition présentée par la Garde nationale.

Nous vivons à une époque assez malheureuse pour qu'il
faille prendre un titre quelconque, si l'on veut obtenir
réparation d'un acte arbitraire ; voici pourquoi les signataires de la pétition qui circule en ce moment, ne
parlent qu'au nom des citoyens inscrits sur les registres

de la Garde nationale. Sans doute les réformistes veulent enlever tout prétexte de refus au gouvernement qui s'est complu à répéter à la Garde nationale qu'il s'appuie sur elle, et qu'elle est sa force et sa protectrice : il est certain que si, en 1830, on a confié à la Garde nationale l'honneur de la France et la défense des lois, il a fallu qu'on lui reconnaisse l'intelligence suffisante pour comprendre les droits et les devoirs civiques : si on lui a donné des armes pour veiller à la sûreté des personnes et des propriétés, si on l'a, pour ainsi dire, rendue responsable des désordres intérieurs, il a fallu qu'on lui croie un grand patriotisme et un profond amour de l'ordre et que l'on admette que tous les Français sont également intéressés au maintien de la tranquillité publique. Or, les hommes qui, malgré leur pauvreté, malgré leur défaut de science politique, sont capables, les armes à la main, de maintenir la paix à l'intérieur, sont évidemment plus aptes encore à choisir les Députés, car un fusil est une arme plus dangereuse qu'un bulletin. Si on nie la conséquence que nous venons de tirer logiquement, nous serons en droit d'accuser d'imprudence les Législateurs de 1830, qui se sont mis à la discrétion du peuple en réorganisant la Garde nationale. Cette belle institution, que nous regardons comme la clef de voûte d'un gouvernement démocratique, est la condamnation éclatante du peu d'habileté ou du peu de sincérité des hommes qui ont fait la loi électorale. On a accoutumé la Garde nationale au jeu des élections, en lui laissant le soin de nommer ses officiers jusqu'aux grades les plus élevés, c'est-à-dire les moins importans, et on lui dénie le droit d'élire les Députés. Cette anomalie provient de ce qu'on affecte de la considérer comme un corps armé, comme une force brutale, bonne seulement à faire le coup de fusil, tandis qu'elle n'est en réalité que la nation sous son aspect le plus complet, exerçant son droit de légitime défense et son droit de souveraineté, prête à repousser une invasion, ou à punir un roi despote : ce qui la distingue de l'armée permanente, c'est qu'elle nomme ses chefs et que, par conséquent, on lui accorde le droit de raisonner et de vouloir, car élire c'est raisonner et vouloir. La Garde nationale est donc logique dans le sens même du pouvoir, lorsqu'elle demande à entrer dans le corps électoral; mais, pour nous, son projet est-il le meilleur, est-il le *nec plus ultrà* d'une bonne organisation ? Nous ne le croyons pas : La Garde nationale n'est pas toute la nation, elle n'a pas le droit de réclamer pour elle seule, car elle exclut ainsi tous les individus qui ne sont pas dans ses rangs. Nous l'affirmons pour que personne n'abuse de nos paroles, nous ne suspectons aucunement la pensée des auteurs de la pétition, cependant nous ne pouvons pas nous arrêter à leur programme. Le jour où la Milice Civique sera composée de tous les citoyens, elle sera la nation entière, alors elle pourra parler au nom de la nation. En attendant, qu'elle persévère dans son entreprise, qu'elle se montre calme et inflexible comme la vérité, et qu'elle se rappelle qu'un peuple peut demander justice jusqu'à deux fois, mais qu'ensuite il ne la demande plus,

Conclusion.

—

Nous avons trouvé défectueux les divers systèmes qui occupent à cette heure l'attention publique, il nous reste à émettre notre avis sur cette importante question; nous allons le faire, la main sur le cœur, et dire ce qui doit, suivant nous, sauver la France de l'anarchie vers laquelle elle marche sous la direction de ses gouvernans. L'Égalité est un principe admis par le peuple français ; ce principe a besoin d'être développé, il ne peut l'être que par la pratique; sa conséquence immédiate, irréfutable est la participation de tous à tous les devoirs et à tous les droits : les citoyens doivent, sans distinction de naissance, de fortune ou d'intelligence, remplir les devoirs que leur impose leur sociabilité; ils doivent aussi, sans distinction de naissance, de fortune ou d'intelligence, jouir des droits que leur donne leur Égalité native : la société pour tous avec ses avantages et tous pour la société avec ses obligations, telle est la formule métaphysique qui nous amène à conclure que le suffrage universel est la seule base logique et rationnelle en matière d'élection. Nous nous abstenons d'énumérer les corollaires de notre principe, ils sont évidens d'eux-mêmes. Nous ne prétendons pas avoir donné un remède infaillible, une panacée qui opère à l'instant même; nous sommes convaincus que notre proposition est la plus sage, cependant nous avouons avec franchise, que semblable à toutes les innovations, si elle était réalisée, elle serait parfois un motif d'agitation ; mais cette agitation, passagère comme sa cause, est désormais la force vive de la Démocratie, c'est le vent qui pousse le vaisseau vers le port. Aux États-Unis, au moment des élections, le peuple semble être à la veille d'un bouleversement ; à peine le résultat du scrutin est-il connu, que le calme renaît dans la République ; le même fait se produirait en France, il aurait les mêmes résultats.

Nous comprenons l'effroi qu'inspire encore, à des hommes sincèrement progressifs du reste, la théorie du suffrage universel ; nous-mêmes nous nous sommes demandés s'il serait prudent d'appeler à l'élection des Représentans cette nombreuse classe qui vit dans les campagnes, sans connaître quelle est sa patrie et quel est son gouvernement. Cette ignorance dont nous accusons le pouvoir, nous paraît un obstacle facile à renverser ; elle disparaîtra certainement après cinq ou six années d'exercice : le peuple, réuni souvent dans les comices, acquerra promptement la connaissance de ses devoirs civiques. Nous ne partageons pas l'opinion de ceux qui veulent l'instruire politiquement avant de l'admettre dans les colléges électoraux ; jamais, à notre sens, l'instruction théorique ne vaudra pour la nomination des Représentans, l'instruction pratique : dans une journée d'élection, un peuple apprend plus que dans dix années de prédication. L'excellence du suffrage universel est pour nous évidente, nous espérons le voir décrété avant peu, toutefois, nous savons qu'il ne nous sera pas donné de jouir de ses heureux effets : vous vaincrez par ce signe, nous ont crié les réformateurs du XVIIIe siècle, en nous montrant le mot Égalité inscrit sur leur bannière ; nous vaincrons, il est vrai, mais nous ne profiterons pas de notre victoire ; nous laisserons à nos fils ce legs magnifique. Nous avons des améliorations trop importantes à faire dans notre état social pour que notre vie ne soit pas une lutte continuelle ; nos pères ont tout détruit, nous avons tout à réédifier. Mettons-nous donc courageusement à l'œuvre sans nous laisser émouvoir par les imprécations que nous entendons derrière nous : ce sont les traînards de la génération précédente qui essaient de retarder notre marche. Qu'importent ces vaines menaces ? Galilée ne fut-il pas condamné comme imposteur, parce qu'il niait l'immobilité de la terre ? Qui se souvient, à cette heure, de l'arrêt du conseil de l'Inquisition qui le contraignit à se rétracter ? Ceux qui n'ont plus de force n'ont plus d'espoir, ceux qui n'ont plus d'espoir maudissent ceux qui espèrent toujours.

TABLE.

—